CULTIVER UN MOUVEMENT

GUIDE DE CONVERSATION 3

Acteurs d'un processus de mouvement

PETER ROENNFELDT

© 2023 Peter Roennfeldt

Édition : BoD – Books on Demand, info@bod.fr

Impression : BoD – Books on Demand, In de Tarpen 42, Norderstedt (Allemagne)

Impression à la demande

ISBN : 978-2-3224-5608-6

Dépôt légal : Février 2023

CULTIVER DES MOUVEMENTS

Tous ceux qui participent à cette *conversation* sont engagés pour amener le mouvement de Dieu dans la ville ou région de leur église locale, au niveau suivant de multiplication.

Voici la vision : *chaque lieu* ou *courant relationnel* – de tribu, de langue ou de peuple – représente une communauté missionnaire à partir de laquelle l'Évangile est partagé et multiplié.

Si vous êtes impliqué dans cette *conversation*, vous avez dépassé le stade du comptage des membres, bâtiments ou institutions. Vous êtes interpellés par la vision de Jésus pour son royaume. Jésus et les apôtres ne se contentaient pas de « rêver » un avenir, ni d'essayer n'importe quelle méthode issue de leur culture, leurs affaires ou leur politique – ils ont été proactifs en suivant l'ordre du jour du Père. C'est ce à quoi nous nous engageons.

SUIVRE LA VISION DES APÔTRES

pour UN MOUVEMENT QUI CRÉE DES DISCIPLES ET IMPLANTE DES ÉGLISES

ADAPTER LEUR VISION POUR AUJOURD'HUI

PETER ROENNFELDT

La vision des apôtres était audacieuse : il ne devait rester *aucun lieu* où Christ ne soit pas connu. Nous sommes appelés à aller plus loin qu'implanter de nouvelles églises et ajouter de nouveaux membres. La vision est positive et inspirante : pouvoir affirmer qu'il ne reste *aucun lieu*, dans notre pays, ville ou région où le nom de Christ n'est pas encore connu !

Lecture préalable

L'ouvrage de Peter Roennfeldt Suivre la vision des apôtres, basé sur les épîtres du Nouveau Testament, est une base utile pour travailler sur ce guide.

Ce guide correspond à un programme de deux jours et demi, et une session de programmation.

On considère que les participants à cette *conversation* ont également lu, travaillé et mis en place des actions suite à l'étude des deux premiers guides : La multiplication des disciples, et L'implantation d'églises.

Bienvenue dans cette *conversation* et dans la planification de stratégie et d'action de Jésus et des premiers apôtres !

Peter Roennfeldt

peter@newchurchlife.com

SOMMAIRE

Auteur : Peter Roennfeldt
Avec la contribution de : Leigh Rice, Nick Kross, Wayne Krause, Chester Kuma, Christina Hawkins, Edyta Jankiewicz, Danijela Schubert, Litiana Turner
Date de publication : December 2019
Editeur : BOD
Graphisme : Jacinda Turnbull-Harman (Dinda Productions)
Print Format : Kym Jackson
Traduction : Pascale Monachini

RÉVISION ET MISE À JOUR

Pour revoir et mettre à jour votre **FEUILLE DE ROUTE** (Guide 1 : *La multiplication des disciples*) et votre **FORMATION D'ÉGLISE** (Guide 2 : *L'implantation d'églises*), il vous faut (1) **une bonne carte** de votre zone de responsabilité ou vision, et (2) **une bonne compréhension** de la démographie de cette zone, c'est-à-dire le nombre d'habitants et les différents groupes de personnes (ethnies, religions, etc.).

Par exemple, si vous êtes un dirigeant national, vous aurez besoin d'une carte de votre pays ; si vous êtes un dirigeant de région, il vous faudra une carte de votre région identifiant tous les villages et villes. Si vous travaillez dans une ville, vous aurez besoin d'une carte de toute la ville et de la région.

Votre nom :

Zone :

    Villes, villages :

    Banlieues :

    Département :

    Pays :

1. Les églises locales de votre région : l'église locale est essentielle pour le développement du mouvement.

a) Faites la liste de toutes les églises locales, ainsi que des groupes et églises de maison :

b) Faites la liste **UNIQUEMENT** des églises locales, groupes et églises de maison de votre zone où sont déjà en place :

1. DES ÉQUIPES :

Les classes de l'École du sabbat, les groupes de jeunes, etc. ont été restructurés en fonction du lieu de résidence des membres, pour former des équipes d'action – un ancien encourageant cinq ou six équipe :

Églises locales :

Ministères restructurés :

Nombre d'équipes :

2. L'ÉQUIPEMENT :

Les membres sont efficacement équipés pour former des disciples :

Églises locales :

Type d'équipement :

Fréquence :

3. DES GROUPES ANNEXES : Les classes de l'École du sabbat, ou des groupes de jeunes, de femmes etc. essaiment en groupes annexes.

Églises locales :

Nombre de groupes annexes :

4. LE PARTAGE : Les familles, ou des équipes font connaître la Lecture découverte de la Bible à leurs voisins, amis ou collègues.

Églises locales :

Nombre de groupes de Lecture découverte de la Bible :

5. LA MULTIPLICATION D'ÉGLISES : Les églises locales, groupes ou églises de maison sont équipés et suivent un plan pour multiplier les « boutures d'églises » dans la zone dont ils sont responsables :

Églises locales :

Plan de multiplication :

Nombre de boutures :

6. L'ORGANISATION DE NOUVELLES ÉGLISES : Quand les groupes ou églises de maison s'organisent et reçoivent une responsabilité de mission :

« Églises mères » :

Groupes ou églises de maison :

Églises organisée :

7. Faites la liste des nouvelles églises ou groupes implantés au cours des deux années écoulées, qui sont aujourd'hui équipées et implantent de nouvelles églises :

Églises locales :

En voie de multiplication :

Nombre d'équipes :

2. Les lieux et les groupes de personnes non atteints dans votre région et les équipes pour les atteindre.

a) Dressez une liste de tous les villages, villes et banlieues qui n'ont pas d'église à proximité et où de nouvelles églises sont nécessaires.

b) Énumérez **uniquement** les régions qui figurent dans votre plan d'action actuel :

1. LE PLAN : Quel est le plan d'entrée dans chaque zone ?

Lieu :

Plan d'entrée :

2. LES ÉQUIPES : Qui est le responsable d'équipe et qui sont les membres ?

Lieu :

Responsable :

Membres :

3. LA DATE : Quand pénètrera-t-on dans cette région ?

Lieu :

Date d'entrée :

4. COURANT RELATIONNEL ET PERSONNE DE PAIX : A-t-on identifié dans cette région vierge un courant relationnel ? Cela permet-il de trouver une personne de paix ?

Lieu / district :

Courant relationnel :

Personne de paix :

c) **Faites la liste de toutes les régions** ou territoires vierges de votre zone de responsabilité (région, département, ville) :

LA VISION :
SUIVRE LES APÔTRES

Présentez l'objectif du **PLAN DE MULTIPLICATION DU MOUVEMENT** (page 27).

Comment Jésus définit-il sa vision pour ses disciples ?

      Matthieu 28.16-20 (cf. Jean 20.19-23)

....

....

      Actes 1.4-8

....

....

Comment Paul comprend-il cette vision ?

      Romains 15.14-24

....

....

      Note : verset 20

....

          verset 23

....

      Quelles sont les deux réalités historiques qui influencent la vision de Paul ?

      (1)   ....

      (2)   ....

Quel est l'Évangile qui doit être proclamé aux Gentils (Romains 15.16) ?

      Marc 16:9-18

....

....

      1 Corinthiens 15.1-8 (cf. Apocalypse 14.6, 7)

....

....

PENSER ET AGIR THÉOLOGIQUEMENT

La pensée théologique relie la foi et la vie. Il s'agit de penser à Dieu (theos) et à la manière dont il agit et s'est révélé en Jésus et dans son Esprit – et à ce que notre foi en lui signifie pour chaque aspect de la vie : nos relations, la famille, l'éducation des enfants, l'éthique, les médias sociaux, l'éducation, le travail, les loisirs, visionnage, lecture, valeurs, attitudes, santé, politique, l'histoire, etc.

Avant de connaître Jésus, la pensée des apôtres est façonnée par le judaïsme et leurs cultures respectives, mais dès qu'ils le rencontrent et comprennent qui il est, **Jésus devient leur norme de foi et de pratique.**

1. Identifiez les idées théologiques clés sous-jacentes dans les différentes phases d'édification du mouvement par Jésus :

Phase	Idée.	Implication pour nos mouvements
Quelle différences cela fait-il ?		
Préparation	Incarnation	
Équipement	PUISSANCE du Saint Esprit	
Fondation	*Courant relationnel*	
Multiplication des leaders	« Aimez vos ennemis »	
Mouvement	Mort et résurrection de Jésus	
	Onction et présence du Saint Esprit	

2. Les deux événements historiques qui ont tout changé pour les apôtres sont (1) la mort et la résurrection de Jésus, et (2) l'onction et la présence de son Esprit :

Actes 1.1-8   (voir Actes 2.1-47)

Imaginez et décrivez les changements que cela implique dans la façon de penser et de vivre, pour Pierre

....

....

....

Saul (qui devient l'apôtre Paul)

....

....

....

3. Quelles différences *la mort et la résurrection de Jésus, puis l'onction et la présence de son Esprit* engendrent-elles ?

Il n'existe pas de mouvement sans ces deux vérités. Ces deux vérités transforment notre manière de penser, nos relations, notre mode de vie, d'exercer notre ministère – et de vivre l'église.

Ce changement de pensée se manifeste dans :

1. La façon dont Jésus entre en relation avec les gens

....

....

....

2. Les *récits de transition* des Actes :

Les Samaritains : Actes 8.1-25

....

....

....

L'eunuque éthiopien : Actes 8.26-40

....

....

....

Saul, leur persécuteur : Actes 9.1-31

....

....

....

Pierre, appelé par Corneille : Actes 9.32 – 11.18

....

....

....

Avant ces évènements, les disciples juifs de Jésus ne voulaient œuvrer que parmi les Juifs.

....

....

....

4. Pourquoi la visite de Pierre chez Corneille constitue-t-elle le point de transition de la mission ?

....

....

....

....

....

....

....

....

....

5. Quels grands obstacles culturels disparaîtront lorsque nous réaliserons que :

- Jésus est mort pour tous (Juifs et Gentils, esclaves et libres, hommes et femmes) et il est vivant ?
- Son Esprit a oint chacun et est présent avec et chez tous ?

Faites la liste des préjugés et clichés culturels :	Décrivez les changements opérés par Jésus :
....	....
....	....
....	....
....	....

LE TRAVAIL DE RÉGION
« Depuis Jérusalem, et jusqu'en Illyrie » (Romains 15.19)

LE TRAVAIL DE RÉGION DE JÉSUS

Pendant son court ministère, Jésus établit son mouvement pour le royaume dans sept régions. Rappelez-vous **l'ordre** dans lequel l'ordre Jésus entre dans ces provinces – en numérotant chronologiquement chacune sur la carte. Ensuite, étudiez comment Jésus **prépare, entre** dans ces territoires et **veille** à ce que l'œuvre se **poursuive** dans chacun d'eux ?

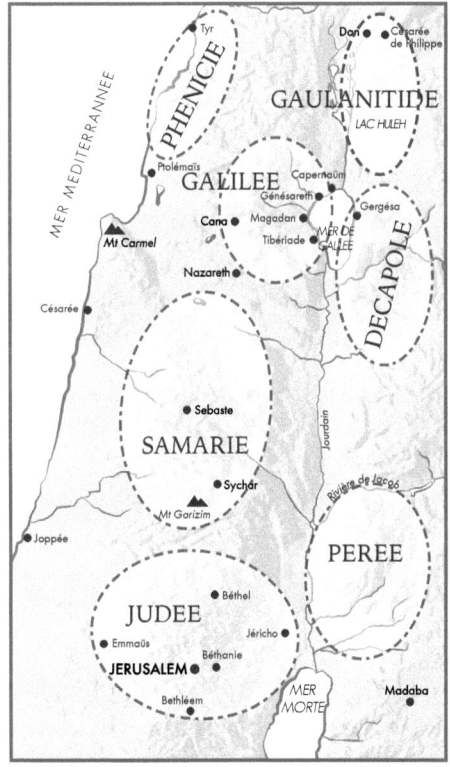

Carte des régions où Jésus a œuvré : Judée, Samarie, Galilée, Décapole, Phénicie, Gaulanitide, Pérée.

1. Numérotez les régions sur la carte, dans l'ordre chronologique où Jésus s'y rend.

2. Préparation

3. Méthode d'entrée :

4. Comment Jésus s'assure-t-il que l'œuvre de son mouvement se poursuit dans chaque territoire ?

PLAN D'ACTION :

Quelles perspectives clés avons-nous acquises pour le travail de formation de disciples et de développement du mouvement ?

Préparation :

Idées pour entrer dans ces territoires :

Continuité de l'œuvre :

NOTES

LE TRAVAIL DE RÉGION DE PAUL

Au cours de son ministère, Paul fait des disciples et implante des églises dans onze provinces ou régions. Nous allons d'abord étudier :

(1) les principales méthodes ou approches utilisées par les apôtres lors des trois grands voyages missionnaires de Paul, ainsi que son travail à partir de Rome,

(2) la manière dont les équipes sont formées, et,

(3) la relation entre le siège de Jérusalem, les plateformes missionnaires, les équipes et les églises locales implantées.

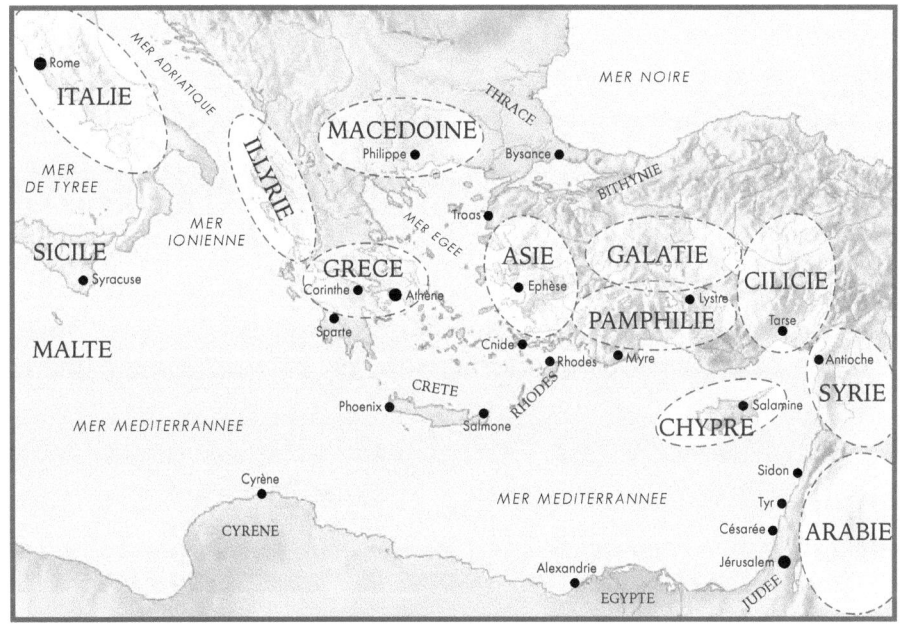

Carte des territoires où Paul a œuvré :
Arabie, Cilicie, Syrie, Chypre, Galatie, Pamphylie, Macédoine, Grèce, Illyrie, Rome.

PERSPECTIVES D'ENSEMBLE

1. ORDRE : numérotez sur la carte les régions dans l'ordre chronologique où Paul a travaillé.

Pourquoi cet ordre ?

....
....
....
....

Quels ont été les facteurs déterminants ?

....
....
....
....

Quels enseignements en tirez-vous ?

....
....
....
....

Comment l'ordre a-t-il facilité le mouvement ?

....
....
....
....

2. SUIVRE LA MÉTHODE DE JÉSUS :
(Matthieu 28.16-20) — trois voyages et trois applications

Ethne

....
....
....
....

Oikos

....
....
....

Plateformes

....
....
....

Comment Paul travaille-t-il depuis Rome ?

....
....
....
....

3. LES ÉQUIPES : Où Paul trouve-t-il ses équipes et comment sont-elles préparées ?

a. Des faiseurs de disciples expérimentés :

....
....
....
....

b. Les leaders naturels – des personnes de paix : quelle est leur place aujourd'hui ?

....
....
....
....

c. Des mentors pour les nouvelles communautés missionnaires (églises)

....
....
....
....

d. De jeunes adultes en apprentissage :

....
....
....
....

4. LES RELATIONS : siège administratif, centres de mission, équipes et églises locales implantées. Les deux éléments essentiels pour les mouvements sont les équipes d'implantation et les églises locales.

a. Les équipes d'implantation d'églises :

Quelle sera leur attitude à l'égard des centres de missions et de la fédération ?

....
....
....
....

Que signifie la décision de Paul d'apporter les offrandes aux pauvres de Jérusalem ?

....
....
....
....

Discussion : Il y a une seule église – pas une église juive et une église de gentils !

....
....
....
....

Discussion : Pourquoi est-il essentiel pour Paul que l'équipe s'auto-finance ?

....
....
....
....

b. Multiplier des églises locales autonomes :

Aucun fonds ne leur a été apporté :

....

....

Quels sont les dangers de financer l'appel de disciples et l'implantation d'églises ?

....

....

Rendre autonomes les églises locales (revoir le manuel sur l'implantation d'églises : critères d'organisation).

....

....

Leaders :

....

....

Mentors :

....

....

Baptêmes :

....

....

Sainte cène :

....

....

Discipline :

....

....

Générosité :

....

....

Le quotidien, dans les maisons :

....

....

c. Les plateformes de mission (et non pas des stations de mission ni des centres de ministère populaires)

Équipement et envoi – avec l'onction de l'Esprit :

Antioche :

....

....

Éphèse :

....

....

Rome :

....

....

d. Le siège de Jérusalem —relations :

Réseau :

Comment un nouveau groupe sera-t-il lié à la fédération ?

S'agit-il d'une relation directe ou par le biais d'une « église mère » ?

Finances :

Comment la dîme/les offrandes seront-elles recueillies et envoyées à la fédération ?

Juridiction :

Quelles responsabilités morales, légales et éthiques doivent être respectées ?

- Le travail avec des enfants :
- La sécurité :
- Les limites :
- L'assurance :

PLAN D'ACTION :

Strategic Movement Planning

1. PRÉPARATION : étudiez la préparation des apôtres pour leur travail dans chaque province :

....
....
....
....
....

2. MÉTHODES D'ENTRÉE : identifiez les méthodes utilisées par les apôtres dans chaque région :

....
....
....
....
....

3. STRATÉGIE des disciples pour implanter des églises dans chaque lieu :

....
....
....
....
....

4. DURABILITÉ ET AUTONOMIE : quels facteurs ont rendu les églises implantées durables et autonomes ?

- Quels sont les éléments nécessaires pour qu'une nouvelle église soit durable et autonome ?
- Un leadership interne.
- Un objectif clair (Actes 2.42-47 ; Apocalypse 14.6-13).
- Des disciples équipés capables de conduire d'autres personnes à Jésus, et de les former pour qu'à leur tour elles partagent leur témoignage, invitent d'autres personnes à Jésus, et animent des groupes de lecture découverte de la Bible.
- Des installations qui ne créent pas d'endettement.
- La capacité de conduire le culte sans prédicateur invité.
- La simplicité du démarrage – et la reproductibilité.
- Les valeurs et attitudes claires.
- Des croyances claires.
- Des structures fonctionnelles..

5. MULTIPLICATION : quels plans spécifiques ont été suivis pour assurer la multiplication des églises ?

....
....
....
....
....

PLAN D'ACTION : TRAVAIL DE RÉGION SYSTÉMATIQUE

Rassemblez les idées clés tirées du modèle d'action de Jésus et des apôtres dans les régions, pour les appliquer à votre travail de formation de disciples et de construction de mouvements.

1. FAITES UNE LISTE de toutes les villes, banlieues, régions vierges ; des groupes de personnes de votre région. Pensez à tous les lieux où il n'y a pas de communauté de foi à distance raisonnable et facilement accessible :

....
....
....
....
....
....
....

2. ORDRE :

Classez votre liste ci-dessus par ordre de priorité et indiquez quand vous prévoyez d'entrer dans chacune de ces régions :

....
....
....
....
....
....
....
....
....

3. PRÉPARATION :

Quelle préparation est nécessaire pour entrer dans chacune de ces zones ?

....
....
....
....
....
....
....
....
....
....

4. MÉTHODE D'ENTRÉE :

Qu'avez-vous prévu pour chaque zone ?

....
....
....
....
....
....
....
....
....
....

« Cartographie oikos »

C'est le point de départ pratique et stratégique pour tous :

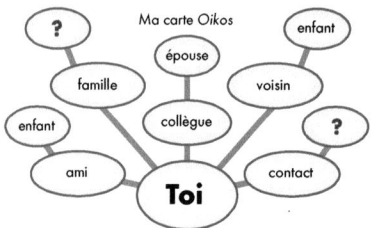

Imaginez la « *cartographie oikos* » de Jésus lorsqu'il appelle ses premiers disciples au Jourdain (Jean 1.35-51) ; ou celle qui se forme dans l'esprit de Pierre lorsqu'il quitte Joppé pour Césarée (Actes 10.1-48). Imaginez celle de Paul après quelques jours à Philippes (Actes 16.11-40), et la complexité de sa *cartographie* depuis le centre de sa *mission* à Éphèse (Actes 19.1-10). Quel genre de *cartographie* s'élabore lorsqu'il écrit sa lettre aux Romains – énumérant nom après nom les croyants de Rome, et imaginant leurs liens avec des personnes éloignées de Dieu (Romains 16.3-16) ? C'est ainsi que les mouvements commencent.

Engager des personnes de paix.

Lorsqu'il équipe les soixante-douze disciples pour le leadership du mouvement – comme les apôtres et les femmes qui voyagent avec lui – Jésus met en évidence les qualités essentielles des *personnes de paix* (Luc 10.1-9). On les retrouve dans tous les courants relationnels, et en observant la façon dont Jésus forme ses disciples et construit ses mouvements, on observe quatre caractéristiques des *personnes de paix* :

- L'accueil – souvent dans le cadre de l'hospitalité.
- La réceptivité – à autrui et au Saint Esprit.
- La réputation – qui peut être bonne ou mauvaise.
- L'influence – lorsqu'ils suivent Jésus, d'autres personnes le remarquent et les suivent.

Ces personnes sont des centres d'influence – et non pas des bâtiments ni des programmes, mais les personnes clés au sein d'un oikos ou d'une ethnie qui peuvent amener beaucoup de gens à Christ. Jésus a trouvé la femme samaritaine près du puits, et le démoniaque de l'autre côté. Ni l'un ni l'autre n'étaient des leaders dans leur communauté, mais lorsqu'ils ont suivi Jésus, ils ont exercé une grande influence sur la population de leur ville ou

région. Paul a trouvé Sergius Paulus à Paphos, Lydie et le geôlier à Philippes, chacun influençant son oikos pour suivre Jésus.

Conduisez chaque personne de paix à Jésus, aidez-la à tracer sa propre « cartographie oikos », enseignez-lui le processus simple de la lecture découverte de la Bible, et encadrez-la dans la multiplication.

La « cartographie ethnē » pour les leaders de mouvements

Comment se prépare-t-on aujourd'hui à atteindre de nouvelles régions – groupes de personnes, villes et banlieues – avec l'Évangile ? On voit souvent dans les bureaux de fédération une carte indiquant où se trouvent les églises, les écoles et les cliniques. Cela définit l'organisation par ses bâtiments et ses institutions, mais les mouvements sont définis par la vision de la couverture du territoire.

La « *cartographie ethnē* » fournit cette vue d'ensemble, car elle identifie tous les courants relationnels non pénétrés. Il est important d'entendre les histoires de service et de partage de la foi avec les proches, car c'est là des disciples sont appelés et que les mouvements sont fondés. Cependant, les leaders de mouvements gardent une vision « *glocale* » : locale, régionale et globale.

Jésus a demandé à ses disciples de faire des disciples dans toutes les *ethnē* (Matthieu 28.18-20), et Paul a lancé la vision pour les régions occidentales de l'empire romain. Les *multiplicateurs d'églises et les catalyseurs de mouvements* établiront également leur « *cartographie ethnē* ».

a. Identifiez l'*ethnē*. Quels groupes de personnes n'ont pas été atteints ? Quelles sont les villes, banlieues, zones en expansion, les populations migrantes, les régions non atteintes ?

b. Méthodes d'entrée. Qui va aller vers ce groupe de personnes ? Qui sont les semeurs de graines ? Quel plan spécifique sera suivi, et quand l'équipe entrera-t-elle dans la région vierge ?

Voici les questions stratégiques qui découlent de la « *cartographie ethnē* » :

- Qui sont les personnes désengagées et marginalisées, car elles joueront un rôle essentiel pour appeler la prochaine génération de disciples ?

....

....

....

....

....

....

....

....

- Qui sont les *personnes de paix*, qui toucheront leurs courants relationnels ?

....

....

....

....

....

....

....

- Qui sont les *implanteurs d'églises, multiplicateurs d'églises et catalyseurs de mouvements* concentrés sur ces régions et groupes de personnes non atteints ?

....

....

....

....

....

....

....

....

5. LES BOUTURES D'ÉGLISE : toutes les églises du Nouveau Testament sont :

- Basées à domicile. Bien sûr, la question n'est pas le lieu, mais il s'agit de communautés locales et relationnelles de personnes partageant leur quotidien.

- Petites et relationnelles – souvent pas plus de vingt à vingt-cinq personnes, après quoi elles doivent se fractionner parce qu'il y a trop de monde pour la pièce d'accueil. Cela permet de garder tout le monde impliqué.

- Inclusives et participatives. L'Évangile a éradiqué la discrimination basée sur le nationalisme, le sexe ou le statut social ; il n'y a pas de spectateurs.

- Affirmatives. La participation des femmes est naturelle. Elles sont douées et impliquées dans tous les aspects de la vie de l'église. Leur leadership reflète la dignité que Jésus leur a donnée.

- Autonomes. Aucune subvention n'a été versée pour « commencer le travail » dans une ville, ni envoyée pour soutenir un système institutionnel. Comme un seul corps, les gens donnent pour aider les pauvres.

- À coût zéro. On ne dépense pas d'argent pour des installations, des parkings ou de la promotion. On ne dépend pas des subventions de la fédération.

- Un seul corps. Il n'y a pas une église de Gentils et une église juive. Tous les groupes constituent, ensemble, le corps du Christ.

- En lien les unes avec les autres. Par l'intermédiaire d'anciens ou de responsables dans chaque ville, toutes les communautés sont en lien, mais pas de manière institutionnelle comme nous le sommes aujourd'hui. C'est l'Évangile et l'Esprit qui les relient.

- Implantées dans le quotidien. L'église est le lieu où vivent familles et voisins, où ils prennent leurs repas, et vivent en famille. Ils ne partent pas en voiture pour aller à l'église.

- Des centres de mission. Les événements de l'église ne sont pas planifiés par les dirigeants de Jérusalem. Chaque église prend la responsabilité de partager l'Évangile dans son village, sa ville, sa région.

- Reproductibles. Il existe plusieurs communautés de foi ou églises dans chaque ville, fondées sur l'expansion des relations. Ce type d'église simple est facilement reproductible.

- Conversationnelles : Ils façonnent leurs communautés, mais sont également façonnés par les expériences, blessures et joies de leurs communautés.

- Cruciforme. Ils ont basé leur fraternité sur l'idée que les autres ont plus de valeur qu'eux-mêmes, et qu'ils sont prêts à aller jusqu'à la croix pour eux.

6. LA MULTIPLICATION : pour la multiplication, il est important de planifier soigneusement :

(1) Un centre de mission sera-t-il implanté ?

Qu'est-ce qui sera nécessaire ? (Le responsable, l'équipe)

....
....
....

(2) Comment de nouvelles églises multiplicatrices seront-elles implantées ?

....
....
....

(3) Comment implanter des églises locales complètes, autonomes et multiplicatrices :

a. Des personnes de paix

....
....

b. Le leadership naturel

....
....

c. Mentors / formateurs – communication (lettres/visites)

....
....

d. Des lieux peu coûteux

....
....

e. Organisation de l'affirmation de soi

....
....

f. L'herméneutique de Jésus

....
....

g. La direction du Saint-Esprit

....
....

h. Autre

....

....

(4) Quelles actions les responsables ont-ils entreprises pour s'assurer que les procédures cultivent les mouvements?

- Voir les critères d'organisation :

....

....

....

....

....

....

- Les églises dans les maisons :

....

....

....

....

....

....

- Baptêmes et sainte cène :

....

....

....

....

....

....

- Quelles sont les procédures qui doivent changer ?

....

....

....

....

....

....

APPRENDRE AUX NOUVEAUX DISCIPLES À PENSER THÉOLOGIQUEMENT

Lorsqu'on appelle de nouveaux disciples et implante de nouvelles églises, comment apprendre aux gens à penser théologiquement ? Réfléchissons à ce que nous enseignent les épîtres du Nouveau Testament :

1. RACONTER DES EXPÉRIENCES - Galates

L'histoire de Jésus

L'expérience personnelle

Les histoires de la Bible – Découverte de la Bible

L'histoire de l'Église – pensée théologique (consultation de Jérusalem)

2. LA SOUFFRANCE - Philipiens et Thessaloniciens

Aimer les autres – une notion contre-culturelle

Renoncer en faveur des autres – soutien / offrandes

3. PRIÈRES ET CHANTS AYANT DU SENS - Philipiens et Éphésiens

Signification

Évangile

4. BASE D'OIKOS - PHILIPPIENS, Corinthiens, Colossiens et Philémon

Participation

Leaders naturels, hommes et femmes

Mentors

5. PARTICIPATION ET RESPONSABILITÉ DE LA MISSION - Romains et toutes les épitres

La vision : couverture totale de la région

6. BAPTÊME (EAU & ESPRIT) - Corinthiens

Responsabilité

Qui ?

7. LA SAINTE CÈNE - Corinthiens

Le quotidien

La responsabilité des autres

8. LES DONS SPIRITUELS - Corinthiens, Timothée et Tite

Tous sont impliqués pour réfléchir

Jeunes adultes – implanter la prochaine génération d'églises

Tous sont confiés aux soins de Jésus et de son Esprit

9. LES PLATEFORMES MISSIONNAIRES FAVORISENT LA RÉFLEXION THÉOLOGIQUE COOPÉRATIVE - Éphèse, Timothée et Tite

Équipes

Application

10. RÉSILIENCE - Hébreux

Jésus a tout accompli pour notre salut

Jésus est à la « droite » du Père

PLAN D'ACTION :

Par quoi commencerez-vous pour favoriser la pensée théologique ?

....
....
....
....
....
....
....
....
....
....

Quelles sont les premières étapes que vous mettrez en œuvre dans votre région ?

....
....
....
....
....
....
....
....
....
....
....
....
....
....

CULTIVER LES MOUVEMENTS PLAN DE MULTIPLICATION DES MOUVEMENTS

NOM : ....

RÉGION : ....

Dans la mesure où les mouvements dépendent de **l'implantation d'équipes** et de la **multiplication des églises locales**, notre plan de multiplication du mouvement se développe autour (1) du leadership du mouvement, et (2) des plateformes de mission.

1. Le leadership des mouvements

Il existe cinq niveaux de leadership dans les mouvements – tous appellent des disciples et sont des implanteurs d'églises :

- Les semeurs de graines et faiseurs de disciples. (Ne comptez pas les membres, comptez les faiseurs de disciple)

- Les implanteurs d'églises.

- Les multiplicateurs d'implantation d'église.

- Les équipiers des multiplicateurs.

- Les catalyseurs de mouvements – qui planifient stratégiquement d'entrer dans de nouvelles régions et de se multiplier.

Ces personnes ne sont pas en poste, comme dans les églises institutionnalisées ; ce sont plutôt des gens qui font bouger les choses.

PLAN D'ACTION :

1. Le plan personnel de chaque leader pour semer, appeler des disciples, et implanter des églises :

- Développer une cartographie de l'**ethnē** et de l'**oikos**, puis commencer à prier et à entrer en contact :

- Suivre le plan en trois étapes de Jésus (Luc 10.8,9) pour entrer en contact avec les voisins :

- Diriger un groupe de **lecture découverte de la Bible** dans une maison / communauté :

- Réunir un nouveau groupe / église dans une maison ou communauté :

2. Nommez les leaders du mouvement dans votre ville ou région.

- Semeurs de graines et faiseurs de disciples :

- Implanteurs d'églises :

- Multiplicateurs d'implantation d'églises :

- Équipes de multiplicateurs :

- Catalyseurs de mouvements :

3. Comment cultiver et mettre en place un leadership de mouvement ?

4. Comment les rôles de postes en église peuvent-ils être restructurés en leadership de mouvement ?

5. Comment le rôle du pasteur a-t-il été redéfini ? Quel équipement ou transition est nécessaire ?

- Chaque pasteur : un implanteur d'église :

- Chaque pasteur : un multiplicateur d'église :

- Chaque pasteur : un formateur de multiplication :

- Qui seront les catalyseurs du mouvement ?

2. Centres de mission - équipes multiplicatrices et églises locales

PLAN D'ACTION :

1. Dressez la liste des églises qui prennent l'entière responsabilité de la mission dans leur région, en faisant systématiquement des disciples et en implantant de nouvelles églises, dans la vision d'un nouveau groupe missionnaire à proximité pour chaque zone de 1 000 à 5 000 habitants :

2. Les plateformes de mission

a. Quel est la principale **plateforme missionnaire** de votre région ?

- Qui est le leader ?

- Qui sont les membres de l'équipe ?

- Quel est le calendrier d'équipement ?

- Quelles églises ont été implantées à partir de ce centre ?

- Lesquelles sont des boutures qui se multiplient ?

b. Où la prochaine **plateforme missionnaire** sera-t-elle implantée ?

- Qui sera le chef d'équipe ?

- Quelle préparation est prévue pour former l'équipe de la région ?

- Quand le centre sera-t-il implanté ?

- Qui sont les faiseurs de disciple déjà en action ?

- Des groupes de **lecture découverte de la Bible** y sont-ils développés ?

c. Où le prochain centre missionnaire sera-t-il implanté ?

3. Définissez votre vision de la **« couverture totale »** de la région :

   a. Quelle est la prochaine étape ?

   b. Développez vos cartographies **ethnē** et **oikos** – et définissez où vous les enseignerez chaque semaine ?

   c. Qui sont les leaders potentiels – et les membres de l'équipe ?

   d. Comment les étapes de prise de contact de Jésus et les groupes de **lecture découverte de la Bible** démarreront-ils ?

3. Revoir et compléter

Complétez vos plans de **feuille de route**, de **formation d'église**, et de **multiplication des mouvements**.

1. Les stratégies clés de chacun :

....
....
....
....
....
....
....
....
....

2. Réunir un plan intégré :

....
....
....
....
....
....
....
....

LA VISION EST :

Ne laisser aucun lieu où Christ ne soit pas **connu**